Dir sollen Rosen blühen

Die Rose ist ohne Warum,
sie blühet, weil sie blüht.
Sie acht' nicht ihrer selbst,
fragt nicht, ob man sie sieht.

ANGELUS SILESIUS

Dir sollen Rosen blühen

Ein poetisches Lesebuch

benno

Bibliografische Information der Deutschen Nationalbibliothek
Die Deutsche Nationalbibliothek verzeichnet diese
Publikation in der Deutschen Nationalbibliografie;
detaillierte bibliografische Daten sind im Internet über
http://dnb.d-nb.de abrufbar.

Besuchen Sie uns im Internet unter:
www.st-benno.de

Gern informieren wir Sie unverbindlich und aktuell
auch in unserem Newsletter zum Verlagsprogramm,
zu Neuerscheinungen und Aktionen.
Einfach anmelden unter www.st-benno.de

ISBN 978-3-7462-5573-6

Zusammenstellung: Volker Bauch, Gößnitz
Covergestaltung: Rungwerth Design, Düsseldorf
Covermotiv: © Irina Ukrainets/Fotolia
Gesamtherstellung: Kontext, Dresden (A)

Inhaltsverzeichnis

Bestaunenswerte Rosenwelt

Man sieht nur
mit dem Herzen gut.
Das Wesentliche
ist für die Augen unsichtbar.

ANTOINE DE SAINT-EXUPÉRY

Das Alpenglühen

Es war einmal ein Alpenkönig, der auf einem Berg voller Rosen wohnte. Diese Rosen stammten noch aus der guten alten Zeit, in der es keinen Hass und keinen Totschlag gab. Da kamen einst fremde Krieger des Weges und ihre Rosse zerstampften die Rosen. Der König, der das nicht dulden wollte, wurde überwältigt, gefangen genommen und von den fremden Kriegern fortgeschleppt. In ihrer Halle banden sie ihn an einen Pfahl, ließen ihn singen und tanzen und lachten über ihn. Einmal schliefen sie dabei ein. Da näherte sich der Gefangene dem Feuer, das in der Mitte der Halle brannte, und versengte seine Fesseln. Als das Lederseil zu brennen begann riss es, und der Gefangene wurde frei.
Auf abenteuerlichen Fahrten kehrte er zurück in seine Heimat. Als er aber den Berg erblickte, der über und über mit Rosen bedeckt war, die in der Sonne purpurn leuchteten, sagte der König: „Diese Rosen mit ihrem Schein haben mich verraten; hätten die fremden Krieger sie nicht gesehen, so wären sie nie auf meinen Berg gekommen." Also sprach er über die Rosen einen Zauber aus, damit sie weder bei Tage noch bei Nacht je wieder sichtbar sein sollten. Er hatte jedoch die Dämmerung vergessen, die nicht Tag

und nicht Nacht ist. So kommt es nun, dass in der Dämmerung die Rosen wieder sichtbar werden, und dann steht der ganze Berg in rotem Glanze da. Das nennt man Alpenglühen.
Wenn aber das Alpenglühen aufstrahlt, dann treten die Menschen aus ihren Hütten heraus und schauen und staunen und haben eine Ahnung von der alten Zeit, wo alles schöner und besser war.

SAGE AUS DEN DOLOMITEN

Wellentanzlied

Ich warf eine Rose ins Meer,
eine blühende Rose ins grüne Meer.
Und weil die Sonne schien, Sonne schien,
sprang das Licht hinterher,
mit hundert zitternden Zehen hinterher.
Als die erste Welle kam,
wollte die Rose, meine Rose, ertrinken.
Als die zweite sie sanft auf ihre Schultern nahm,
musste das Licht, das Licht ihr zu Füßen sinken.
Da fasste die dritte sie am Saum,
und das Licht sprang hoch, zitternd hoch,
wie zur Wehr;
aber hundert tanzende Blütenblätter
wiegten sich rot, rot, rot um mich her,
und es tanzte mein Boot
und mein Schatten auf dem Schaum
und das grüne Meer, das Meer …

RICHARD DEHMEL

Blühe, du Rose

Blühe, du Rose,
du blühst dem Welterschaffer zur Ehre,
Schönste der Blumen,
du bist seinem Geschöpfe der Schmuck!
Dich, du Liebliche,
dich in deinem Leben zu schützen
vor dem hässlichen Stolz,
gab er Vergänglichkeit dir!

JOHANN WILHELM LUDWIG GLEIM

Gebt Rosen her!

Rosensüchtig war mein Herz,
Rosen wollte ich umfangen,
empfing von Dornen nur Schmerz.

Blüten raffte ich an mein Gewand,
füllte mit Knospen die sehnende Hand,
Rosen, purpurne Rosen!

Weiß nicht, was gestern geschehn;
mein Kleid, meine Hände sind leer.
Sah meine Rosen bei anderen stehn

und musste lächelnd vorübergehn,
das Herz zum Sterben schwer.

Gebt Rosen her!

JOHANNA WOLFF

Zierde der Erden

Flammende Rose,
Zierde der Erden,
glänzender Gärten
bezaubernde Pracht;
Augen, die deine
Vortrefflichkeit sehen,
müssen vor Anmut
erstaunet gestehen,
dass dich
ein göttlicher Finger
gemacht.

BARTHOLD HEINRICH BROCKES

Die klare frische Rosenblüte

Die klare frische Rosenblüte streichelt
mein geschlossenes Auge leicht,
als legte sie noch tausend kühle Lider,
eines auf das andere, über
mein heißes Lid. Und tausend Schlummer
breitet sie dann über meine Täuschung hin,
darunter streif ich selbst umher
im Duft des Labyrinths.

RAINER MARIA RILKE

Ein morgendlicher Rosengruß
Die Rose stand im Tau,
es waren Perlen grau,
als Sonne sie beschienen,
wurden sie zu Rubinen.
FRIEDRICH RÜCKERT

Morgentau

Der Frühhauch hat gefächelt
hinweg die schwüle Nacht,
die Flur holdselig lächelt
in ihrer Lenzenspracht;
mild singt vom dunkeln Baume
ein Vöglein in der Früh,
es singt noch halb im Traume
gar süße Melodie.

Die Rosenknospe hebet
empor ihr Köpfchen bang,
denn wundersam durchbebet
hat sie der süße Sang
und mehr und mehr enthüllet
sich ihrer Blätter Füll',
und eine Träne quillet
hervor so heimlich still.

ANONYM

Die Rosen von Saadi

Ich hab heute früh dir Rosen bringen wollen;
doch mein Gürtel hat zu viele Rosen tragen sollen,
dass die gespannten Knoten sie nicht halten wollten.

Die Knoten rissen. Und vom Wind gezogen,
sind alle Rosen dem Meer zugeflogen,
sodass sie nimmer wiederkehren sollten.

Und rot und wie entflammt von ihnen
schien das Meer,
heut Abend ist mein Gewand noch
von ihren Düften schwer.
Atme von mir den Balsam der Erinnerungen!

MARCELINE DESBORDES-VALMORE

Duldsam

Des Morgens früh, sobald ich mir
mein Pfeifchen angezündet,
geh' ich hinaus zur Hintertür,
die in den Garten mündet.

Besonders gern betracht ich dann
die Rosen, die so niedlich;
die Blattlaus sitzt und saugt daran
so grün, so still, so friedlich.

Sie nähert sich dem jungen Schaft
der Rosen, eh sie welken;
Ameisen kommen, ihr den Saft
sanft streichelnd abzumelken.

So seh ich in Betriebsamkeit
das hübsche Ungeziefer
und rauche während dieser Zeit
mein Pfeifchen tief und tiefer.

Dass keine Rose ohne Dorn,
bringt mich nicht aus dem Häuschen.
Auch sag' ich ohne jeden Zorn:
kein Röslein ohne Läuschen!

WILHELM BUSCH

Blumengruß

Der Strauß, den ich gepflücket,
grüße dich vieltausendmal!
Ich habe mich oft gebücket,
ach, wohl eintausendmal,
und ihn ans Herz gedrücket
wie hunderttausendmal!

JOHANN WOLFGANG VON GOETHE

Rosenleben

Ach Rose, die du, märchenhaft gestaltet,
wenn kaum der holde Lenz dahingegangen,
gleich wie ein Brief, den wir von ihm empfangen,
in stillem Zauber lieblich dich entfaltet:

Ich ahne, was als Leben in dir waltet,
wenn deine Blätter wie in Wollust prangen,
und wenn dein Duft in sehnendem Verlangen
dem Kelch entschwebt, den seine Glut gespaltet.

Es ist dasselbe ungestüme Ringen,
das auch in mir lebt, glühend und gewaltsam,
zum Hohen und zum Höchsten vorzudringen.

Ich aber muss erst welken und vergehen,
wenn du im Werden selbst schon unaufhaltsam
beginnen darfst ein endlos Auferstehen.

CHRISTIAN FRIEDRICH HEBBEL

Dein ist alles

Dein ist alles, all und jede Wonne,
wenn sie aufgeht, dir als eigene Sonne,
jeder Tag vom Licht emporgetragen,
wenn er aufgeht dir als eignes Tagen.

Dein ist alles, all der Blumen Glühen,
wenn hervor sie aus sich selber blühen.
All die Rosenknospen auf der Erden,
wenn sie Rosen in dir selber werden.

Dein ist alles, was in Tal und Hügeln
lichtvoll sich in dir kann widerspiegeln.
Dein die Himmel selbst und selbst die Sterne,
wenn du Glanz hast für den Glanz der Ferne.

CHRISTIAN WAGNER

Drei Rosen auf einem Zweig

Wollt Gott, ich fänd im Garten
drei Rosen auf einem Zweig.
Ich wollte auf sie warten,
ein Zeichen wär mir's gleich.
Das Morgenrot ist weit,
es streut schon seine Rosen:
Ade, meine schöne Maid.

AUS DEM HEIDELBERGER LIEDERBLATT

Klingende Rosenwelt

Nur wer die ganze Stimme
der Natur heraushört,
dem wird sie – zur Seligkeit!

LEOPOLD SCHEFER

Sehnsüchtige Melodie

Roseninsel, schwanumschwommen,
Roseninsel im grünen Meere,
Roseninsel, düfteschwere,
sonnenheiße,
felsenweiße,
heckenheimliche Roseninsel ...

Rote Rosen, rankenwilde,
rote Rosen, herzenheiße,
rote Rosen auf Säulenweiße,
stängelhohe,
schönheitfrohe,
glutensammelnde rote Rosen ...

Tempelhallen, marmorhelle,
Tempelhallen in heiligem Schweigen,
Tempelhallen, von Lorbeerzweigen
eingeschlossene,
sonnübergossene,
lautlose, leuchtende Tempelhallen ...

Weiße Leiber, heiße, nackte,
weiße Leiber, rosenumrötet,
weiße Leiber, tanzumflötet,
schlanke, hohe,
schönheitfrohe,
glutenhauchende weiße Leiber ...

OTTO JULIUS BIERBAUM

Zauberkreis

Was steht denn auf den hundert Blättern
der Rose all?
Was sagt denn tausendfaches Schmettern
der Nachtigall?

Auf allen Blättern steht, was stehet
auf einem Blatt;
aus jedem Lied weht, was gewehet
im ersten hat:

dass Schönheit, in sich selbst beschrieben,
hat einen Kreis
und keinen andern auch das Lieben
zu finden weiß.

Drum kreist um sich mit hundert Blättern
die Rose all
und um sie tausendfaches Schmettern
der Nachtigall.

FRIEDRICH RÜCKERT

Leise zieht durch mein Gemüt

Leise zieht durch mein Gemüt
liebliches Geläute.
Klinge, kleines Frühlingslied,
kling hinaus ins Weite.

Kling hinaus, bis an das Haus,
wo die Blumen sprießen.
Wenn du eine Rose schaust,
sag, ich lass sie grüßen.

HEINRICH HEINE

Die Rose

Und horch, er singt, wie leis' aus tiefen Keimen
in sichrer Nacht der Rose Kelch sich webt,
und dicht umhegt von grünen Blättersäumen
vom frischen Quell der künft'gen Düfte lebt,
und wenn auch schon in ihren engen Räumen
die reiche Form sich üppig drängt und hebt,
doch still der Geist, von Lust und Leid geschieden,
noch schlummernd ruht in unbewusstem Frieden.

Doch wenn der Lenz mit seinem Wehn und Wallen,
mit seiner Lust durch Erd' und Himmel dringt,
wenn weit umher das Lied der Nachtigallen,
der Biene Flug, der Quelle Rieseln klingt,
wenn Blüten rings entkeimen, blühn und fallen,
und jede Nacht den reichen Schmuck verjüngt,
dann fühlt auch sie in ihrer dichten Hülle
der Hoffnung Lust, des Lebens sel'ge Fülle.

Und wenn gemach die Hüllen sich entfalten
und sich mit Gold des Busens Tiefe füllt,
blickt heller stets durch seines Kerkers Spalten
mit frischer Lust das hold verschämte Bild,
und freut sich still der wechselnden Gestalten,
die bunt umher die neue Welt enthüllt.
Ihr frühster Duft, des Atems erstes Weben
ist Liebe schon, und wähnt, er sei nur Leben.

Und freier jetzt vom hellen Licht umwaltet,
und inniger durchströmt vom lauen Wehn,
lässt reicher stets und üppiger entfaltet
der volle Kelch die irren Tiefen sehn.
So scheint, weil stets ihr Glanz sich neu gestaltet,
uns aus der Lieb' erst Liebe zu entstehn;
denn wandelbar mit ewig bunter Welle
rinnt unversiegt des Lebens heil'ge Quelle.

ERNST SCHULZE

Rosenhag

Es blühen dir Rosen jeglichen Tag
in einem verschwiegenen Rosenhag
– und du weißt nichts davon.

Von Blut darin ein Brunnen springt
und Blut die Blätter der Rosen durchdringt
– und du weißt nichts davon.

Und weil ich sie dir nicht schneiden mag,
verwelken dir Rosen jeglichen Tag
– und du weißt nichts davon.

So blühen sie auf, so gehen sie hin;
und ist in allen mein Herzblut darin
– und du weißt nichts davon.

Nur manches Mal, da brech ich dir
eine rote Rose von meinem Spalier
als ein Lied, das nicht welken mag.

Dann weißt du von mir ein kleines wohl;
und weißt doch nimmer wie übervoll
von Rosen steht der Hag.

RUDOLF GEORG BINDING

Die Rose im Tal

Von Berg zum Tal das Waldhorn klang;
im blühenden Tal das Mägdlein sang:
von der Rose, der Rose im Tal!
Der Jäger hörte des Mägdlein Sang;
seinem Waldhorn bei dem Lied verklang:
von der Rose, der Rose im Tal!
Der Jäger dort oben lauschte so bang;
als leise das Lied im Tal verklang:
von der Rose, der Rose im Tal!
Er zog gar stille die Berge entlang,
und immer im Ohre das Lied ihm klang:
von der Rose, der Rose im Tal!

HEINRICH SEIDEL

Die Nachtigall

Das macht, es hat die Nachtigall
die ganze Nacht gesungen;
da sind von ihrem süßen Schall,
da sind in Hall und Widerhall
die Rosen aufgesprungen.

Sie war doch sonst ein wildes Blut,
nun geht sie tief in Sinnen,
trägt in der Hand den Sommerhut
und duldet still der Sonne Glut
und weiß nicht, was beginnen.

Das macht, es hat die Nachtigall
die ganze Nacht gesungen;
da sind von ihrem süßen Schall,
da sind in Hall und Widerhall
die Rosen aufgesprungen.

THEODOR STORM

Mädchenlied

Auf einem jungen Rosenblatt
mein Liebster mir geblasen hat
wohl eine Melodei.

Es gab mir viele Dinge kund
das Rosenblatt am roten Mund
und ward kein Wort dabei.

Und als das Blatt zerblasen war,
da gab ich meinen Mund ihm dar
und küsst an ihm mich satt.
Und viel mehr Dinge tat noch kund
der rote Mund am roten Mund,
selbst als das Rosenblatt.

JULIUS OTTO BIERBAUM

Schön ist die Rose …

Oh, wie gefälliger wird alle Pracht
durch holden Schmuck, den ihr die Wahrheit bringt!
Schön ist die Rose, aber schöner macht
der süße Duft sie, der dem Kelch entspringt.

Die Heckenrose mag so voll erglühn
in dunklem Rot, als echte übergießt,
so lustig an dem Dornenstrauche blühn,
wenn ihre Knospen Frühlingswind erschließt.

Doch Schein ist nur ihr prunkendes Gesicht,
sie lebt verachtet, schwindet ungeehrt
in sich allein; die süße Rose nicht,
da selbst ihr Tod noch süßen Duft gewährt.

So bleibt im Lied auch, lieber, holder Knabe,
stets deine Treue, sinkt dein Reiz zu Grabe.

WILLIAM SHAKESPEARE

Duftende Rosenwelt

Düfte sind
die Gefühle der Blumen.

HEINRICH HEINE

Rose, du

Rose, du thronende, denen im Altertume
warst du ein Kelch mit einfachem Rand.
Uns aber bist du die volle zahllose Blume,
der unerschöpfliche Gegenstand.

In deinem Reichtum scheinst du wie Kleidung um
Kleidung
um einen Leib aus nichts als Glanz;
aber dein einzelnes Blatt ist zugleich die Vermeidung
und die Verleugnung jedes Gewands.

Seit Jahrhunderten ruft uns dein Duft
seinen süßesten Namen herüber;
plötzlich liegt er wie Ruhm in der Luft.

Dennoch, wir wissen ihn nicht zu nennen, wir raten
…
Und Erinnerung geht zu ihm über,
die wir von rufbaren Stunden erbaten.

RAINER MARIA RILKE

Duft der Rosen

Der Rose süßer Duft genügt,
man braucht sie nicht zu brechen –
und wer sich mit dem Duft begnügt,
den wird ihr Dorn nicht stechen.

FRIEDRICH VON BODENSTEDT

Hier sollten Rosen blühen

Hier sollten Rosen blühen.
Von den großen, blassen, gelben.
Und sie sollten in einem üppigen Büschel
über die Gartenmauer
hängen und gleichgültig die zarten Blätter
in die Wagenspuren am
Wege herabrieseln lassen: ein vornehmer Schimmer
von all dem
verschwenderischen Blumenreichtum da drinnen.

Und lasst sie dann den feinen,
vorüberziehenden Rosenduft haben,
der nicht festzuhalten ist,
der ist wie von unbekannten Früchten,
von denen die Sinne in ihren Träumen fabeln.

Oder sollten sie rot sein, die Rosen? – Vielleicht.

JENS PETER JACOBSEN

Rosenduft

Rose, wie bist du reizend und mild!
Du bist der Unschuld liebliches Bild.
Rose, du trinkest himmlischen Tau,
schmückest den Busen, Garten und Au.
Du, die zur Gabe ich mir erkor,
lächelst aus Dornen freundlich hervor.
Sendest noch sterbend Düfte uns zu,
Rose, du Holde!
Leben und sterben will ich wie du.

JOHANN JAKOB IHLE

Der Duft der Rose

Der Duft der Rose
nimmt dich in einen süßen Bann,
rührt dich liebkosend leise
wie eine Liederweise
mit Ahnung voller Schönheit an,
ist ohne Gleichnis rein und zart:
Du kannst es nicht ermessen,
fühlst nur ein süß Vergessen
und eine süße Gegenwart.

HERMANN HESSE

Rosenzeit

Zeit ist das begrenzteste Mittel,
das du zur Verfügung hast.
Deshalb nimm dir Zeit,
den Duft der Rosen zu genießen.

AUS IRLAND

Verwelkende Rosen

Möchten viele Seelen dies verstehen,
Möchten viele Liebende es lernen:
So am eigenen Dufte sich berauschen,
So verliebt dem Mörder Wind zu lauschen,
So in rosiges Blätterspiel verwehen,
Lächelnd sich vom Liebesmahl entfernen,
So den Abschied als ein Fest begehen,
So gelöst dem Leiblichen entsinken
Und wie einen Kuß den Tod zu trinken.

HERMANN HESSE

Rosenleben

Es hat die Rose sich beklagt,
dass gar zu schnell der Duft vergehe,
den ihr der Lenz gegeben habe.
Da hab ich ihr zum Trost gesagt,
dass er durch meine Lieder wehe,
und dort ein ewiges Leben habe.

FRIEDRICH VON BODENSTEDT

Dichters Rückkehr

Ein feiner Duft erfüllt den Raum,
als wär ein Weib zu Gast gewesen
und hätte meinen letzten Traum
vom Rosenkönigreich gelesen –

und mir zum duftberedten Danke,
von zarter Flamme Glut erregt,
des Gürtels holde Rosenranke
auf meinen stillen Tisch gelegt.

CHRISTIAN MORGENSTERN

Das Rosenjahr

Unkraut wächst in zwei Monaten,
eine rote Rose braucht dafür
ein ganzes Jahr.

MEVLANA CELALEDDIN RUMI

FRÜHLING

Erste Rosen

Erste Rosen erwachen,
und ihr Duften ist zag
wie ein leisleises Lachen;
flüchtig mit schwalbenflachen
Flügeln streift es den Tag;

und wohin du langst,
da ist alles noch Angst.

Jeder Schimmer ist scheu,
und kein Klang ist noch zahm,
und die Nacht ist zu neu,
und die Schönheit ist Scham.

RAINER MARIA RILKE

Die Frühlingsrose

Der Jüngling:

Aurorens Blume, die um das Haar ihr glänzt,
was weilst du länger, liebliche Rose? Komm!
Der Winter flieht; es locken sanfte
Zephyre dich an der Sonne Lichtstrahl.

Die Rose:

Im Strahl der Sonne welket die Rose bald;
Der Zephyr, der sie wecket, entblättert sie.
Aurora flieht. O Jüngling, gönne,
gönne der Säumenden noch ihr Knöspgen.

MATTHÄUS CASIMIR SARBIEWSKY

Die Knospe der Rose

Von der üpp'gen, grünen Blätter
schatt'gem Netze dicht umwoben,
wagt den Kelch nicht zu entfalten,
Knospe noch, die zarte Rose.

Und sie reift das Gold der Düfte
in des Kelches tiefem Borne,
reift der Reize stille Mächte
in dem Innersten verborgen.

Rose, Rose! Bald entschwellen
muss die Kron' der vollen Knospe,
steigen bald das Gold der Düfte
aus des dunklen Kerkers Wohnung.

Purpur glühend wird erstrahlen
dir, der Sehnenden, Aurora,
ihr dein Kelch entgegenglühen
von der Blätter grünem Throne.

Selig, selig, wem erblühet
dann die lang' verschlossne Krone,
dass er trinke Gold der Düfte
aus dem reichen Kelch der Wonnen!

ADELBERT VON CHAMISSO

Rosen, ihr blendenden …

Rosen, ihr blendenden,
Balsam versendenden!
Flatternde, schwebende,
heimlich belebende,
Zweiglein beflügelte,
Knospen entsiegelte,
eilet zu blühn.

Frühling entsprieße,
Purpur und Grün!
Tragt Paradiese
dem Ruhenden hin.

JOHANN WOLFGANG VON GOETHE

SOMMER

Rosenzeit

Wenn die wilden Rosen blühn
an des Feldes Rand,
frisch gemähtes Wiesengrün
duftet durch das Land,
wenn in stillen Waldesgründen
sich die roten Beeren ründen
und die Sommerzeit verkünden,
wenn der Himmel blaut so weit –
o du schöne Rosenzeit!

Hell und warm ist nun die Nacht,
länger wird der Tag,
dass er all der Schönheit Pracht
in sich fassen mag.
Frühling ist noch nicht gegangen,
Sommer hat schon angefangen,
beide hold vereinigt prangen,
Herbst und Winter sind noch weit –
o du schöne Rosenzeit!

Ja, in Rosen steht die Welt,
aber ahnungsbang
rauschet durch das Ährenfeld
schon ein fremder Klang:
Bald ertönt der Erntereigen,
und die Rose wird sich neigen,
und die Vögel werden schweigen.
Ach wie bald, dann liegst Du weit –
o du schöne Rosenzeit!

HEINRICH SEIDEL

Die Rosenbüsche

Die Rosenbüsche sind behangen
mit wunderbarer Blütenpracht,
das ist ein märchenhaftes Prangen,
mein Herz, das singt und klingt und lacht.

Im weißen Kleid kommst du gegangen
in einer Flut von Sonnenschein,
die Rosenbüsche schmachtend prangen,
ich sehe nur noch dich allein.

HERMANN LÖNS

In die Rose verliebt

Der Schmetterling ist in die Rose verliebt,
umflattert sie tausendmal,
ihn selber aber, goldig zart
umflattert der liebende Sonnenstrahl.

Jedoch, in wen ist die Rose verliebt?
Das wüsst' ich gar zu gern.
Ist es die singende Nachtigall?
Ist es der schweigende Abendstern?

Ich weiß nicht, in wen die Rose verliebt;
ich aber lieb' euch all:
Rose, Schmetterling, Sonnenstrahl,
Abendstern und Nachtigall.

HEINRICH HEINE

Wilde Rosen

Ich ging im Wald in schönen Junitagen,
da sah ich einen Birnbaum vor mir ragen
mit seinen Zweigen stolz und dunkelgrün.
Doch, welch' ein Wunder! Nahe seinem Gipfel
aus seinem Laub, dicht unter seinem Wipfel,
da sah ich hundert wilde Rosen blühn.

Ich trat hinzu, das Rätsel zu ergründen,
und seltsam ist es, was ich muss verkünden
und was ich dort nach langem Suchen fand:
Aus Dorngestrüpp kam eine lange Rute,
die hin und her mit ungebeugtem Mute
sich durch des Baumes Äste aufwärtswand.

Und war es auch in Finsternis geboren –
das kleine Reis hat nicht den Mut verloren,
es strebet tapfer auf zum goldnen Licht,
es tastet sich empor mit grünem Finger
und dreht und wendet sich in seinem Zwinger
und sucht und harrt und hofft und zaget nicht.

O gebe Gott doch allen, die da streben,
sich aus der Finsternis ans Licht zu lieben,
ein gut Gedeihn für redliches Bemühn,
und Mut und Kraft und freudiges Vertrauen,
damit auch sie des Sieges Stunde schauen,
damit auch ihre Rosen endlich blühn!

HEINRICH SEIDEL

Sommerbild

Ich sah des Sommers letzte Rose stehn,
sie war, als ob sie bluten könne, rot;
da sprach ich schaudernd im Vorübergehn:
So weit im Leben ist zu nah am Tod!

Es regte sich kein Hauch am heißen Tag,
nur leise strich ein weißer Schmetterling;
doch, ob auch kaum die Luft sein Flügelschlag
bewegte, sie empfand es und verging.

FRIEDRICH HEBBEL

O Röslein mein

Die Rose sprach zum Mägdelein:
Ich muss dir ewig dankbar sein,
dass du mich an den Busen drückst
und mich mit deiner Huld beglückst.

Das Mägdlein sprach: O Röslein mein,
bild' dir nur nicht zu viel drauf ein,
dass du mir Aug und Herz entzückst.

WILHELM BUSCH

Die Ameisen im Rosengarten

Das ist auch wieder so eines von den gerühmten „nützlichen“ Tieren! Wenn ich es nicht mit eigenen Augen beobachtet hätte, nun schon das zweite Jahr immer und immer wieder beobachtet hätte, so würde ich mich nicht unterfangen, es im Widerspruch mit den Fachmännern zu behaupten: Sie fressen sie, sie sägen sie mitten entzwei, schöne, große, wohlgebildete Knospen, welche sich schon röten, die gehätschelten Lieblinge der Lehrbücher, die fleißigen Ameisen! Denunziere ich nun dies Gebaren den Gärtnern, so wird mir nach manchem Zweifeln und Munkeln zwar die Möglichkeit des Tatbestandes eingeräumt, dagegen zur Entschuldigung entgegengehalten, die Ameisen würden sich bloß an solchen Knospen vergreifen, die ohnehin schon mit einer Wunde behaftet wären. Eine triftige Entschuldigung! Das ist, als ob man den Wolf damit entschuldigen wollte, dass er bloß solche Schafe auffräße, die sich an einem Dorn geritzt hätten. Übrigens verträgt sich die Behauptung, auf welche sich die Entschuldigung gründen möchte, nicht einmal mit der Wirklichkeit. In Wirklichkeit geht es vielmehr folgendermaßen zu.

Vom frühen Morgen bis zum späten Abend strolchen die Ameisen in den Rosenbäumchen umher. Was haben die dort zu suchen? Die Theorie antwortet: Sie stellen dem Ungeziefer nach, den Blattläusen und dem schädlichen Rosengewürm, das sie vertilgen.

Ich bitte die Theorie um Verzeihung, dass ich ihr die Natur entgegenhalte: Noch nie habe ich einen der vielen schädlichen Rosenwürmer von einer Ameise angegriffen gesehen, obschon die Würmer dick und fett auf den Blättern lagen wie auf einem Servierteller und die Ameisen wie besessen in der Nähe herumliefen; vielmehr habe ich die Ameisen gleichgültig daran vorbeispazieren sehen, als ginge sie's nichts an. Ich habe ebenso wenig jemals eine Ameise eine Blattlaus fressen sehen, obschon ich ganze Kolonien von Blattläusen mit unzähligen Tirailleuren von Ameisen täglich nebeneinander erblicke. Selbst das berühmte Melken der Blattläuse durch die Ameisen gewahre ich auf den Rosen nur sehr selten, ganz ausnahmsweise, während ich es auf Unkräutern massenhaft beobachtete. Übrigens wäre auch das Melken von fraglichem Nutzen, weil doch die gemolkenen Blattkühe nun mit umso lebhafterem Appetit weiterfressen würden, um sich für den Verlust zu entschädigen.
Nein, nicht dem Ungeziefer, sondern den Knospen stellen sie nach, ob sie ihnen nicht irgendwo beikommen könnten. Insbesondere suchen sie von oben in die jungen Knospen einzudringen. Wehe der Knospe, die nicht unzugänglich geschlossen emporkeimt oder die sich zu früh erschließt. Dann schlüpfen die Ameisen hinein, erst eine, hernach zwei, endlich ein ganzes Dutzend, so viele ihrer überhaupt Platz finden, und fressen das Herz der Knospe, die innern zarten grünen Blumenblätter, die sich noch nicht gefärbt haben, einfach weg; radikal weg fressen sie's, bis kein saftiges Zipfelchen mehr übrig bleibt. Wie mit dem Löffel ausgehöhlt, wie mit dem Messer durchsägt sieht so eine

arme Knospe aus, nachdem man sie von den darauf klebenden Ameisen befreit hat. Hingegen vermögen sie den äußersten, bereits gefärbten Blumenblättern nicht beizukommen, sodass wir schließen müssen, dass die Farbe für die Rose zugleich ein Schutzmittel bedeutet. Nun erklärt es sich, warum die Rosenknospen so krampfhaft bemüht sind, sich fest verschlossen zu halten, bis sie sich ausgereift haben, so krampfhaft, dass sie zuweilen ganze Blätter in den Knospenzipfel hineinklemmen. In vorliegendem Falle also hat die Entschuldigung, es handle sich bloß um verwundete Exemplare, nicht einmal einen tatsächlichen Untergrund. Es waren schöne, große, wohlgebildete Knospen, die ich auf diese Weise durch die Ameisen verlor, Knospen, die den einzigen Fehler hatten, oben nicht scharf zu schließen, mit andern Worten, den Fehler, den räuberischen Ameisen einen Spalt als Zugang zu gewähren. Dass die Ameisen nicht die Kraft und die Waffen besitzen, die Knospen seitwärts durch das Deckblatt anzunagen, ist nicht ihr Verdienst; denn am Willen fehlt es ihnen nicht. Sie machen sich denn auch jedes zufällige Pförtchen schleunigst zunutze. Wo ein Wurm eine Knospe angebohrt hat, da fährt die Ameise vollends hinein, tief und gründlich, bis die Vernarbung der Wunde durch Verholzung ihr Halt gebietet. Ob die Blume dabei völlig zugrunde gehe oder verkrüppelt aufblüht, hängt davon ab, wer schneller arbeitet, die Vernarbung oder das Trüppchen Ameisen. Der Rose mächtigster Schutz gegen ihre zahllosen Feinde ist eben ihre gewaltige Wüchsigkeit, ihr edler Saft; sie wehrt sich, indem sie zuvorkommt, indem sie durch ihre Lebenskraft die vielen Mörder überflügelt.

Gestützt auf diese Beobachtungen erlaube ich mir daher, bei aller Ehrerbietung vor dem überlegenen Wissen der Kenner, die Ameisen im Rosengarten als schädliche Tiere zu bezeichnen, die man nach Kräften vernichten soll; darum, weil sie das Ungeziefer verschonen, aber die Knospen fressen, wann und wie sie nur können. Wenn sie's nicht können; dann tun sie's nicht; das will ich gerne zugeben.

CARL SPITTELER

A sepal

A sepal, petal, and a thorn
Upon a common summer's morn –
A flask of Dew – A Bee or two –
A Breeze – a caper in the trees –
And I'm a Rose!

EMILY DICKINSON

Ein Kelch

Ein Kelch, ein Blütenblatt und ein Dorn
An irgendeinem Sommermorgen –
Eine Schale Tau – eine Biene oder zwei –
Ein Morgenwind – Flattern in den Bäumen –
Und ich bin eine Rose!

EMILY DICKINSON

Der Nachsommer (Auszug)

Indessen war nach und nach die Zeit herangerückt, in welcher die Rosen in der allerschönsten Blüte standen ...
Unter dem klarsten, schönsten und tiefsten Blau des Himmels standen nun eines Tages Tausende von den Blumen offen, es schien, dass keine einzige Knospe im Rückstande geblieben und nicht aufgegangen ist. In ihrer Farbe von dem reinsten Weiß in gelbliches Weiß, in Gelb, in blasses Rot, in feuriges Rosenrot, in Purpur, in Veilchenrot, in Schwarzrot zogen sie an der Fläche dahin, dass man bei lebendiger Anschauung versucht wurde, jenen alten Völkern recht zu geben, die die Rosen fast göttlich verehrten und bei ihren Freunden und Festen sich mit diesen Blumen bekränzten. Man war täglich teils einzeln, teils zusammen zu dem Rosengitter gekommen, um die Fortschritte zu betrachten, man hatte gelegentlich auch andere Rosenanlagen in dem Garten besucht; allein an diesem Tag erklärte man einmütig, jetzt sei die Blüte am schönsten, schöner vermöge sie nicht mehr zu werden, und von jetzt an müsse sie abzunehmen beginnen.

ADALBERT STIFTER

HERBST

Süße Rosen

Ihr verblühet, süße Rosen,
meine Liebe trug euch nicht;
blühet, ach, dem Hoffnungslosen,
dem der Gram die Seele bricht!

Jener Tage denk' ich trauernd,
als ich, Engel, an dir hing,
auf das erste Knöspchen lauernd,
früh zu meinem Garten ging.

Alle Blüten, alle Früchte
noch zu deinen Füßen trug,
und vor deinem Angesichte
Hoffnung in dem Herzen schlug.

Ihr verblühet, süße Rosen,
meine Liebe trug euch nicht;
blühet, ach, dem Hoffnungslosen,
dem der Gram die Seele bricht!

JOHANN WOLFGANG VON GOETHE

Die verwelkliche Rose

„Alle Blumen rings um mich her sehe ich welken und sterben; und doch nennt man nur immer mich die verwelkliche, die leicht vergängliche Rose. Undankbare Menschen! Mache ich euch mein kurzes Dasein nicht angenehm genug? Ja, auch selbst nach meinem Tod bereite ich euch ein Grabmal süßer Gerüche, Arzneien und Salben voll Erquickung und Stärkung. Und doch hör ich euch immer singen und sagen: Ach, die verwelkliche, die leicht zerfallende Rose."

So klagte die Königin der Blumen auf ihrem Thron vielleicht schon im ersten Vorgefühl ihrer hinsinkenden Schönheit. Das vor ihr stehende Mädchen hörte sie und sprach: „Erzürne dich nicht über uns, süße Kleine, und nenne nicht Undankbarkeit, was nur höhere Liebe ist, der Wunsch einer zärtlichen Neigung. Alle Blumen um uns sehen wir sterben und halten dies für das Schicksal der Blumen; aber dich, ihre Königin, dich allein wünschen und halten wir der Unsterblichkeit wert. Wenn wir uns also in unserm Wunsch getäuscht sehen, so lass uns die Klage, mit der wir uns selbst in dir bedauern. Alle Schönheit, Jugend und Freude unsres Lebens vergleichen wir mit dir, und da sie wie du verblühen, so singen und sagen wir immer: Ach, die verwelkliche, die leicht zerfallende Rose."

JOHANN GOTTFRIED HERDER

Wilde Rose

Sie ist nicht strahlend, ist nicht schön,
die Rose wild auf Bergeshöh'n: –
In Wind und Wetter, Sturm und Regen
kein freundlich Obdach, sie zu hegen:
So steht sie einsam, ungekannt,
dort oben an des Hügels Rand.
Sie aber glühet, duftet, lacht
und neidet nicht der Schwestern Pracht:
Denn knospend, dorn'gem Stamm entsprossen,
hat sie der Sonne sich erschlossen,
und nur im goldnen Sonnenschein
verglüht ihr Leben, süß und rein.

THERESE DAHN

Die Rose

Es war in den letzten Tagen des August … Der Herbst hatte bereits seinen Einzug gehalten.
Die Sonne ging unter. In plötzlichen, heftigen Güssen, doch ohne Donner und Blitz war eben ein starker Regenschauer über unsere weite Ebene hinweggezogen. Der Garten vor dem Hause glühte und dampfte, ganz überflutet vom flammenden Abendrot und dem Nass des Regens.
Sie saß am Tisch im Wohnzimmer und blickte in starrem Nachdenken durch die halb offene Tür in den Garten hinaus.
Ich wusste, was damals in ihrer Seele vorging; wusste, dass sie nach einem kurzen, aber schmerzlichen Ringen sich in diesem Augenblick einem Gefühle ergab, das sie nicht länger zu bemeistern imstande war.
Plötzlich erhob sie sich, ging schnell in den Garten hinaus und verschwand.
Es verstrich eine Stunde … und noch eine Stunde: Sie kam nicht wieder.
Da stand ich auf, trat aus dem Haus und wandte mich nach der Allee, durch welche – wie ich bestimmt voraussetzte – auch sie gegangen war.
Rings war alles in Dunkel gehüllt, die Nacht war schon hereingebrochen. Trotzdem war auf dem feuchten Kieswege, selbst durch den dichten Schleier der Finsternis hindurch noch schimmernd, ein rundlicher Gegenstand erkennbar.

Ich beugte mich herab. Es war eine junge, kaum aufgeblühte Rose. Noch vor zwei Stunden hatte ich dieselbe Rose an ihrem Busen gesehen.
Behutsam hob ich die in den Schmutz gefallene Blume auf, kehrte zum Wohnzimmer zurück und legte sie vor ihren Stuhl auf den Tisch.
Endlich kam auch sie zurück – durchmaß mir leichten Schritten das Zimmer und setzte sich an den Tisch. Ihr Antlitz war jetzt blasser, aber auch belebter; unstet, mit einem Anflug lächelnder Befangenheit, irrten ihre gesenkten, scheinbar verkleinerten Augen umher. Da bemerkte sie die Rose, ergriff sie, betrachtete ihre zerdrückten, beschmutzten Blätter, blickte dann auf mich – und nun, plötzlich innehaltend, erglänzten ihre Augen in Tränen.
„Warum weinen Sie?“, fragte ich.
„Um diese Rose da. Sehen Sie doch, was aus ihr geworden ist.“
Da versuchte ich es mit einer verborgenen Anspielung. „Ihre Tränen werden diese Flecken abwaschen“, bemerkte ich mit vielsagender Betonung.
„Tränen waschen nicht ab, Tränen versengen“, entgegnete sie, wandte sich zum Kamin und warf die Blume in die ersterbende Flamme.
„Feuer versengt noch besser als Tränen“, rief sie mit einer gewissen Entschlossenheit – und ihre schönen Augen, in denen die Tränen noch schimmerten, strahlten in mutvollem und beglückendem Lächeln. Da wusste ich, dass auch sie versengt war.

IWAN TURGENJEW

Oktoberrose

Oktoberrose, schöne
Und letzte Künderin,
Wo sind des Sommers Töne,
Wo seine Lieder hin?

Ob ich an dich gedenke,
Ob sich dein Duft bewahrt,
Die herbstlichen Geschenke
Sind all von deiner Art.

Es kommt ein Wind von Osten,
Der weht dich aus der Zeit.
Die Gartentore rosten
Vor deiner Ewigkeit.

GEORG VON DER VRING

Ein Rosenbaum vorm Hause stand

Ein Rosenbaum vorm Hause stand,
der wachsend sich's getraute,
dass er, aufsteigend an der Wand,
ins obre Fenster schaute.

Dann als der Rosenbaum am Haus
verdarb in Winterfrösten,
da sah zum obern Fenster aus
ein Röslein, uns zu trösten.

Das Röslein, ach, ist schnell verblüht,
wir sahn zu Grab es neigen;
und wieder ist der Baum bemüht
zum Fenster aufzusteigen.

Mag er nun wachsen groß und hoch,
zum höchsten und zum größten,
für das verblühte Röslein doch
wird er uns nimmer trösten.

FRIEDRICH RÜCKERT

Pflücken und Blühen

Rosen pflücke, Rosen blühn,
morgen ist nicht heut!
Keine Stunde lass entfliehn –
flüchtig ist die Zeit!

Trinke, küsse! Sieh, es ist
heut Gelegenheit!
Weißt du, wo du morgen bist?
Flüchtig ist die Zeit!

Aufschub einer guten Tat
hat schon oft gereut!
Hurtig leben ist mein Rat –
flüchtig ist die Zeit!

JOHANN WILHELM LUDWIG GLEIM

Rosenknospe

Nun weiß man erst, was Rosenknospe sei,
jetzt, da die Rosenzeit vorbei;
ein Spätling noch am Stocke glänzt
und ganz allein die Blumenwelt ergänzt.

JOHANN WOLFGANG VON GOETHE

WINTER

Winterrosen

Es ritt ein Herr mit seinem Knecht,
des Morgens in dem Taue,
was fand er auf der Heide stehn?
Ein wunderschöne Jungfraue.

„Gott grüß euch, Jungfrau, hübsch und fein,
Gott grüß euch, Auserwählte,
wollt Gott, ich sollt heut bei euch sein,
in euren Armen schlafen."

„In meinen Armen schlaft ihr nicht,
ihr bringt mir denn drei Rosen,
die in dem Winter wachsen sind,
in voller Blüt erschlossen."

Er schwang sich in den Sattel frei,
dahin so tät er traben,
da wo die roten Röslein stehn,
um Fräuleins Gunst zu haben.

Der Röslein warn nicht mehr denn drei,
er brach sie an den Stielen,
er schütt sie der Magd in Geren frei,
nach allem ihren Willen.

Da sie die roten Röslein sah,
gar freundlich tät sie lachen:
„So sagt mir, edle Röslein rot,
was Freud könnt ihr mir machen?“

„Die Freud, die wir euch machen wohl,
die wird sich auch schon finden,
jetzund geht ihr ein Mägdlein jung
aufs Jahr mit einem Kinde.“

„Geh ich mit einem Kindelein,
so muss es Gott erbarmen,
hab ich doch nur eine halbe Nacht
geschlafn an deinen Armen.“

„So klage nicht, mein Töchterlein,
und weine nicht so sehre,
es ist geschehn; manch Jungfräulein
kam noch zu großen Ehren.“

Das hat gesungen ein Reuter gut,
ein Berggesell hat ihn verdrungen,
er trinkt viel lieber den lautern Wein
denn Wasser aus kühlem Brunnen.

ACHIM VON ARNIM UND CLEMENS BRENTANO

Die Rose und der Schreibtisch

Prosagedicht

Ich weiß, dass Blumen nie von selbst aus offnen Fenstern fallen. Namentlich nicht bei Nacht. Aber darum handelt es sich nicht. Kurz, die rote Rose lag plötzlich vor meinen schwarzen Lackschuhen auf dem weißen Schnee der Straße. Sie war sehr dunkel, wie Samt, noch schlank, nicht aufgeblättert und vor Kälte ganz ohne Duft. Ich nahm sie mit, stellte sie in eine ganz kleine japanische Vase auf meinem Schreibtisch und legte mich schlafen.

Nach kurzer Zeit muss ich aufgewacht sein. Im Zimmer lag dämmernde Helle, nicht vom Mond, aber vom Sternlicht. Ich fühlte beim Atmen den Duft der erwärmten Rose herschweben und hörte leises Reden. Es war die Porzellanrose des Altwiener Tintenzeuges, die über irgendetwas Bemerkungen machte.

„Er hat absolut kein Stilgefühl mehr", sagte sie, „keine Spur von Geschmack." Damit meinte sie mich. „Sonst hätte er unmöglich so etwas neben mich stellen können." Damit meinte sie die lebendige Rose.

HUGO VON HOFMANNSTHAL

Winter

Es hat auf die Rosen geschneit.
Die Rosen sterben im Schnee.
Will sehn, dass ich Winter und Zeit
überblüh und übersteh.

EVA STRITTMATTER

Das traurige Röslein

Ein Röslein war gar nicht munter,
weil es im Topfe stand,
sah immer traurig hinunter
auf die Blumen im freien Land.
Die Blumen nicken und winken:
„Wie ist es im Freien so schön,
zu tanzen und Tau zu trinken
bei lustigem Windeswehn.
Von bunten Schmetterlingen
umgaukelt, geschmeichelt, geküsst;
dazwischen der Vöglein Singen
anmutig zu hören ist.
Wir preisen dich und loben
dich, fröhliche Sommerzeit;
ach, Röslein am Fenster droben,
du tust uns auch gar zu leid."
Da ist ins Land gekommen
der Winter mit seiner Not.
In Schnee und Frost verklommen,
die Blumen sind alle tot.
Ein Mägdlein hört es stürmen,
macht fest das Fenster zu.
Jetzt will ich dich pflegen und schirmen,
du liebes Röslein du.

WILHELM BUSCH

Durch die Rose gesagt

Es gibt Augenblicke,
in denen eine Rose wichtiger ist
als ein Stück Brot.

RAINER MARIA RILKE

Von Brot und Rosen

Gemeinsam mit einer jungen Französin kam er
um die Mittagszeit an einem Platz vorbei,
an dem eine Bettlerin saß und um Geld bat.
Sie hielt sich immer am gleichen Ort auf
und nahm die Almosen entgegen,
ohne auch nur einen Blick auf die Geber zu
verschwenden.
Rilke gab ihr nie etwas,
während seine Begleiterin der Frau öfters Geld gab.

Als die Französin eines Tages fragte,
warum Rilke der Frau nie etwas gebe,
erhielt sie zur Antwort,
dass man ihrem Herzen und nicht ihrer Hand
etwas schenken solle.

Einige Tage darauf brachte Rilke
der Bettlerin eine schöne, frisch erblühte Rose
und legte sie in die um Almosen bittende Hand.

Da geschah etwas Unerwartetes:
Die Bettlerin blickte zu dem Geber auf,
erhob sich mühsam vom Boden und
ging mit der Rose davon.

Eine Woche war die Bettlerin nicht mehr zu sehen.
Dann saß sie wieder wie zuvor an ihrem
gewohnten Platz
und wandte sich weder mit einem Blick
noch mit einem Wort an ihre Geber.
Auf die Frage der Französin,
wovon die Frau während der Zeit,
in der sie keine Almosen erhalten habe,
gelebt habe,
antwortete Rilke:
„Von der Rose."

ANEKDOTE UM RAINER MARIA RILKE

Wer war die Glücklichste?

„Welch schöne Rosen!", sagte der Sonnenschein. „Und jede Knospe wird aufspringen und ebenso schön werden. Es sind meine Kinder! Ich habe sie ins Leben geküsst."
„Es sind meine Kinder!", sagte der Tau. „Ich habe sie mit meinen Tränen genährt."
„Ich sollte doch meinen, dass ich ihre Mutter bin", sagte die Rosenhecke. „Ihr andern seid nur die Paten, die ihnen Geschenke nach besten Kräften und Vermögen gegeben haben."
„Meine schönen Rosenkinder", sagten alle drei und wünschten jeder Blume das größte Glück. Aber nur eine konnte die glücklichste sein und eine musste am wenigsten glücklich werden. Aber welche von ihnen?
„Das will ich schon erfahren", sagte der Wind. „Ich komme weit herum, dringe durch die engsten Spalten, weiß innen und außen Bescheid."
Jede entfaltete Rose hörte, was hier gesagt wurde; jede schwellende Knospe vernahm es. Da kam durch den Garten eine tief betrübte, liebevolle Mutter tief in Schwarz gekleidet. Sie pflückte eine der Rosen, die sich halb enthüllt hatte, frisch und voll war, und ihr die schönste von allen erschien. Sie trug die Blume in die stille, stumme Kammer, wo noch vor wenigen Tagen die junge, lebenslustige Tochter sich getummelt hatte. Nun lag sie ausgestreckt wie ein schlafendes Marmorbild in dem schwarzen Sarg. Die Mutter

küsste die Tote, küsste die halb enthüllte Rose und legte sie an die Brust des jungen Mädchens, als ob sie durch ihre Frische und durch den Mutterkuss das Herz wieder schlagen lassen könnte.

Die Rose schien zu schwellen; jedes Blatt erbebte in Gedanken und Freude. „Welch Liebesweg war mir beschieden! Ich werde wie ein Menschenkind geehrt, werde von einer Mutter geküsst, höre Worte des Segens und gehe träumend an der Brust des Todes mit in das unbekannte Reich. Ich wurde die glücklichste von allen meinen Schwestern."

In dem Garten, wo der Rosenstrauch stand, arbeitete die alte Gärtnersfrau. Sie betrachtete auch die Schönheit des Strauches und heftete die Augen auf die größte, voll erblühte Rose. Noch ein Tautropfen, noch ein warmer Tag – und ihre Blätter fallen zur Erde. Das sah die Frau und sie fand, dass sie ihrer Schönheit genug getan hätte; nun müsste sie auch nützen. Und sie pflückte die Rose und legte sie zwischen eine Zeitung; sie sollte daheim mit andern entblätterten Rosen zu „Potpourri" eingemacht, mit dem kleinen blauen Burschen, den man Lavendel nennt, vermengt und mit Salz einbalsamiert werden. Balsamiert, ja, das werden nur Rosen und Könige.

„Ich werde am meisten geehrt," sagte die Rose, als die Gärtnersfrau sie nahm. „Ich werde die Glücklichste; ich werde einbalsamiert!"

Durch den Garten kamen zwei junge Leute; der eine war ein Maler, der andere ein Dichter. Jeder von ihnen pflückte eine Rose, eine der schönsten.

Und der Maler gab das Bild der blühenden Rose auf der Leinwand wieder, sodass sie sich zu spiegeln glaubte.

„So“, sagte der Maler, „soll sie durch viele Menschenalter leben, in welchen Millionen und Abermillionen Rosen welken und sterben.“
„Ich wurde am meisten begünstigt; ich gewann das grüßte Glück.“
Der Dichter betrachtete seine Rose, schrieb über sie ein Gedicht, ein ganzes Mysterium, alles was er auf den Rosenblättern las: „Das Bilderbuch der Liebe“ war eine unsterbliche Dichtung.
„Ich bin mit ihr unsterblich“, sagte die Rose, „ich bin die Glücklichste.“

Doch in all der Rosenpracht war eine, die ganz versteckt zwischen den andern saß. Zufälligerweise, vielleicht glücklicherweise, hatte sie einen Fehler. Sie saß schief auf dem Stiel, und die Blätter der einen Seite entsprachen nicht denen der anderen Seite: Ja aus der Mitte der Blüte wuchs ein kleines, verkrüppeltes, grünes Blatt hervor. Das kann Rosen geschehen.
„Armes Kind“, sagte der Wind und küsste sie auf die Wange. Die Rose glaubte, es wäre ein Gruß, eine Huldigung. Sie hatte die Empfindung, dass sie ein wenig anders als die andern Rosen geschaffen wäre und dass ein grünes Blatt aus ihrem Innern hervorwüchse. Und sie hielt es für eine Auszeichnung. Ein Schmetterling flog zu ihr herab und küsste ihre Blätter. Es war ein Freier: Doch sie ließ ihn wieder fliegen. Da kam ein gewaltig großer Grashüpfer. Er setzte sich freilich auf eine andere Rose, rieb in seiner Verliebtheit das Schienbein – und das soll bei Grashüpfern ein Liebeszeichen sein. Die Rose, auf der er saß, verstand ihn nicht, wohl aber die Rose mit der Auszeichnung,

mit dem grünen verkrüppelten Blatt: Denn auf sie sah der Grashüpfer mit Augen, welche sagten: „Ich könnte dich vor lauter Liebe fressen.“ Und weiter kann die Liebe doch nicht gehen – da geht der eine in dem andern auf. Aber die Rose wollte nicht in der Heuschrecke aufgehen. Die Nachtigall sang in der sternenhellen Nacht.

„Die singt für mich allein“, sagte die Rose mit dem Fehler oder der Auszeichnung, „Warum wurde ich in dieser Weise vor meinen Schwestern ausgezeichnet? Weshalb erhielt ich diese Besonderheit, die mich zu der Glücklichsten macht?“

Da traten in den Garten zwei rauchende Herren. Sie sprachen über Rosen und Tabak, dass die Rosen den Zigarrenrauch nicht vertragen könnten, ihre Farbe verlören und grün würden. Das musste erprobt werden. Sie scheuten sich, dazu eine der allerprächtigsten Rosen zu nehmen; so nahmen sie die mit dem Fehler.

„Welch eine Auszeichnung“, sagte sie. „Ich bin ungemein glücklich! Die Allerglücklichste!“

Und sie wurde grün in der Gewissheit und im Tabaksrauch.

Eine Rose, noch halb Knospe, vielleicht die schönste des Strauches, erhielt den Ehrenplatz in dem kunstvoll gebundenen Bukett des Gärtners. Es wurde ins Haus zu dem jungen, gebietenden Herrn getragen und fuhr mit ihm im Wagen. Sie saß wie die Blume der Schönheit zwischen den andern Blumen und schönem Grün. Sie kam zu festlichem Glanz. Männer und Frauen saßen da, von tausend Lampen strahlend beleuchtet, und Musik erklang. Es war im Lichtmeer des Theaters. Und als unter stürmischem Jubel die gefeierte Tänzerin auf die Bühne schwebte, flog Bukett auf Bukett ihr zu Füßen. Dahin fiel auch das Bukett, in dem die schöne Rose wie ein Edelstein saß. Sie fühlte ganz ihr namenloses Glück, den Ruhm und den Glanz, in dem sie lebte, und als das Bukett den Boden berührte, tanzte sie mit. Sie sprang, fuhr über die Bretter und brach vom Stiel ab. Sie kam nicht in die Hände der Gunst, sie rollte hinter die Kulissen, wo ein Theaterarbeiter sie aufnahm. Er sah ihre Schönheit, empfand ihren starken Duft. Und er steckte sie in die Tasche, obgleich sie keinen Stiel mehr hatte. Als er am Abend heimkam, erhielt sie ihren Platz in einem Schnapsglas, und sie lag die ganze Nacht im Wasser. Früh am Morgen wurde sie vor die Großmutter gestellt, die alt und kraftlos im Lehnstuhl saß. Sie sah die abgebrochene, schöne Rose und freute sich an ihr und ihrem Duft.

„Ja, du kamst nicht auf den Tisch des reichen, schönen Fräuleins, sondern zu der armen alten Frau. Doch hier bist du ein ganzer Rosenstrauch. Wie schön du bist!"

Und sie sah mit kindlicher Freude auf die Blume und gedachte ihrer eigenen längst entschwundenen frischen Jugendzeit.

„Es war ein Loch in der Scheibe", sagte der Wind; „ich kam leicht hinein, sah die jugendhellen Augen der alten Frau und die abgebrochene schöne Rose im Glase. Die glücklichste von allen! Ich weiß es! Ich kann es erzählen."

Jede Rose des Strauches hatte ihre Geschichte. Jede Rose glaubte und dachte, die glücklichste zu sein, und Glauben macht selig. Die letzte Rose aber meinte, sie wäre doch die allerglücklichste.

„Ich überlebte sie alle! Ich bin die letzte, die einzige, der Mutter liebstes Kind."
„Und ich bin ihre Mutter", sagte die Rosenhecke. „Ich bin es", sagte der Sonnenschein. „Und ich", sagten Wind und Wetter.
„Jeder hat seinen Teil an ihnen", sagte der Wind. „Und jeder soll einen Teil von ihnen erhalten", und damit streute der Wind ihre Blätter über die Hecke aus, wo die Tautropfen hingen und die Sonne schien. „Auch ich erhielt meinen Teil", sagte der Wind. „Ich erhielt alle Rosengeschichten, welche ich draußen in der weiten Welt erzählen will. Sage mir dann, wer die glücklichste von allen war. Ja, das musst du sagen; ich habe genug gesagt."

HANS CHRISTIAN ANDERSEN

Nur eine Rose als Stütze

Ich richte mir ein Zimmer ein in der Luft
unter den Akrobaten und Vögeln:
mein Bett auf dem Trapez des Gefühls
wie ein Nest im Wind
auf der äußersten Spitze des Zweigs.

Ich kaufe mir eine Decke aus der zartesten Wolle
der sanft gescheitelten Schafe die
im Mondlicht
wie schimmernde Wolken
über die feste Erde ziehn.

Ich schließe die Augen und hülle mich ein
in das Vlies der verlässlichen Tiere.
Ich will den Sand unter den kleinen Hufen spüren
und das Klicken des Riegels hören,
der die Stalltür am Abend schließt.

Aber ich liege in Vogelfedern, hoch ins Leere ge-
wiegt.
Mir schwindelt. Ich schlafe nicht ein.
Meine Hand
greift nach einem Halt und findet
nur eine Rose als Stütze.

HILDE DOMIN

Das Geschenk

Ich habe Brot gekauft
und habe rote Rosen
geschenkt bekommen:
Wie glücklich bin ich,
beides in meinen Händen zu halten!

KITAHARA HAKUSHU

Heidenröslein

Sah ein Knab' ein Röslein stehn,
Röslein auf der Heiden,
war so jung und morgenschön,
lief er schnell es nah zu sehn,
sah's mit vielen Freuden.
Röslein, Röslein, Röslein rot,
Röslein auf der Heiden.

Knabe sprach: Ich breche dich,
Röslein auf der Heiden!
Röslein sprach: Ich steche dich,
dass du ewig denkst an mich,
und ich will's nicht leiden.
Röslein, Röslein, Röslein rot,
Röslein auf der Heiden.

Und der wilde Knabe brach's
Röslein auf der Heiden;
Röslein wehrte sich und stach,
half ihm doch kein Weh und Ach,
musst' es eben leiden.
Röslein, Röslein, Röslein rot,
Röslein auf der Heiden.

JOHANN WOLFGANG VON GOETHE

Die Rose des Paracelsus

In seiner Werkstatt, die die beiden Kellerzimmer umfasste, bat Paracelsus seinen Gott, seinen unbestimmten Gott, irgendeinen Gott, dass er ihm einen Schüler schicke. Es wurde Abend. Das spärliche Feuer im Kamin warf unregelmäßige Schatten. Aufzustehen, um die Eisenlampe anzuzünden, war zu viel Mühe. Geistesabwesend vor Müdigkeit, vergaß Paracelsus sein Bittgebet. Die Nacht hatte die staubigen Alembiks und den Athanor ausgelöscht, als es an die Tür klopfte. Schläfrig erhob sich der Mann, stieg die kurze Wendeltreppe empor und öffnete einen Türflügel. Ein Unbekannter trat ein. Auch er war sehr müde. Paracelsus wies ihn zu einer Bank; der andere setzte sich und wartete. Eine Zeit lang wechselten sie kein Wort. Der Meister sprach als Erster.

„Ich erinnere mich an Gesichter des Okzidents und an Gesichter des Orients", sagte er nicht ohne eine gewisse Feierlichkeit. „An deins erinnere ich mich nicht. Wer bist du, und was willst du von mir?"

„Mein Name tut nichts zur Sache", erwiderte der andere. „Drei Tage und drei Nächte bin ich gewandert, um in dein Haus zu gelangen. Ich möchte dein Schüler sein. Ich habe dir all meinen Besitz mitgebracht."

Er holte einen Leinenbeutel hervor und entleerte ihn auf den Tisch. Es waren viele Münzen und sie waren aus Gold. Er tat es mit der rechten Hand. Paracelsus hatte ihm den Rücken gekehrt, um die

Lampe anzuzünden. Als er sich umwandte, bemerkte er, dass die linke eine Rose hielt. Die Rose beunruhigte ihn.
Er lehnte sich zurück, legte die Fingerspitzen aneinander und sagte: „Du glaubst, ich sei imstande, den Stein zu schaffen, der alle Elemente in Gold verwandelt, und du bietest mir Gold. Es ist nicht Gold, was ich suche, und wenn dir an Gold gelegen ist, wirst du niemals mein Schüler sein."
„Mir liegt nichts am Gold", entgegnete der andere. „Diese Münzen sind nichts weiter als ein Beweis meines Arbeitswillens. Ich möchte, dass du mich die Kunst lehrst. Ich möchte an deiner Seite den Weg gehen, der zum Stein führt."
Paracelsus sagte langsam: „Der Weg ist der Stein. Der Ausgangspunkt ist der Stein. Wenn du diese Worte nicht begreifst, hast du noch gar nicht angefangen zu begreifen. Jeder Schritt, den du gehst ist das Ziel."
Der andere sah ihn misstrauisch an. Er sagte mit klarer Stimme: „Aber es gibt doch ein Ziel?"
Paracelsus lachte.
„Diejenigen, die mich schmähen und die ebenso zahlreich wie dumm sind, sagen Nein und nennen mich einen Hochstapler. Ich gebe ihnen nicht recht, doch es ist nicht ausgeschlossen, dass das ein Irrtum ist. Ich weiß, es gibt einen Weg."

Sie schwiegen, dann sagte der andere: „Ich bin bereit, ihn mit dir zu gehen, und sollte er viele Jahre in Anspruch nehmen. Lass mich durch die Wüste wandern. Lass mich wenigstens von fern das Land der Verheißung erblicken, obwohl die Gestirne mir den

Eintritt verwehren. Ich begehre einen Beweis, ehe ich mich auf den Weg mache."
„Wann?", fragte Paracelsus beunruhigt.
„Jetzt sofort", sagte der Schüler mit jäher Bestimmtheit.
Zunächst hatten sie Lateinisch gesprochen; jetzt Deutsch.
Der junge Mann hob die Rose hoch.
„Man sagt", sprach er, „du könntest eine Rose verbrennen und sie mithilfe deiner Kunst aus der Asche wiederauferstehen lassen. Lass mich Zeuge dieses Wunders sein. Darum bitte ich dich, und danach gehört mein ganzes Leben dir."
„Du bist sehr leichtgläubig", sagte der Meister. „Leichtgläubigkeit habe ich nicht nötig; ich verlange Glauben."
Der andere gab nicht nach.
„Eben weil ich nicht leichtgläubig bin, möchte ich mit eigenen Augen die Vernichtung und Auferstehung der Rose sehen."
Paracelsus hatte sie ihm abgenommen und spielte mit ihr, während er sprach.
„Du bist leichtgläubig", sagte er. „Du sagst, ich bin imstande, sie zu vernichten?"
„Niemand ist außerstande, sie zu vernichten", sagte der Schüler.
„Du täuschst dich. Glaubst du vielleicht, es könne irgendetwas dem Nichts überantwortet werden?" Glaubst du, Adam im Paradies hätte eine einzige Blume oder einen Grashalm vernichten können?"
„Wir sind nicht im Paradies", sagte der junge Mann starrköpfig. „Unter der Sonne hier ist alles sterblich."

Paracelsus war aufgestanden.
„Wo sonst wären wir denn? Glaubst du, dass die Gottheit einen Ort schaffen kann, der nicht das Paradies ist? Glaubst du, dass der Sündenfall etwas anderes ist als nicht zu wissen, dass wir im Paradies sind?"
„Eine Rose kann verbrennen", sagte der Schüler herausfordernd.
„Es ist noch Feuer im Kamin", sagte Paracelsus. „Wenn du diese Rose auf die Glut wirfst, wirst du glauben, dass sie verglüht und dass die Asche wirklich ist. Ich sage dir, dass die Rose ewig ist und dass nur ihre Erscheinung sich ändern kann. Es bedarf einzig eines Wortes von mir, damit du sie von Neuem siehst."
„Eines Wortes?", sagte der Schüler verwundert. „Der Athanor ist erloschen, und die Alembiks sind voll von Staub. Was tust du, um sie wiederauferstehen zu lassen?"
Paracelsus sah ihn traurig an.
„Der Athanor ist erloschen", wiederholte er, „und die Alembiks sind voll von Staub. Auf dieser Strecke meiner langen Reise gebrauche ich andere Instrumente."
„Ich wage nicht zu fragen, welche das sind", sagte der andere verschlagen oder demütig. „Ich spreche von dem, was die Gottheit gebrauchte, um Himmel und Erde zu schaffen und das unsichtbare Paradies, in dem wir uns befinden und das uns durch die Erbsünde verborgen ist. Ich spreche von dem Wort, das uns die Wissenschaft der Kabbala lehrt."

Der Schüler sagte kalt: „Bitte sei so gnädig, mir das Verschwinden und Wiedererscheinen der Rose zu zeigen. Es ist mir gleichgültig, ob du Brennkolben benutzt oder das Wort."

Paracelsus überlegte. Schließlich sagte er: „Wenn ich es täte, würdest du sagen, dass es sich um eine Erscheinung handelt, die dir deine Augen vorzaubern. Das Wunder gibt dir nicht den Glauben, den du suchst. Lass also die Rose."

Der junge Mann sah ihn noch immer misstrauisch an. Der Meister erhob die Stimme und sagte: „Außerdem, wer bist du denn, ins Haus eines Meisters einzudringen und von ihm ein Wunder zu verlangen? Was hast du geleistet, um eine solche Gabe zu verdienen?"

Der andere antwortete unsicher: „Ich weiß schon, dass ich nichts geleistet habe. Ich bitte dich im Namen der vielen Jahre, die ich lernend in deinem Schatten verbringen werde, dass du mir die Asche und danach die Rose zeigst. Um Weiteres bitte ich dich nicht. Ich glaube dem, was meine Augen mir bezeugen."
Jäh nahm er die rote Rose, die Paracelsus auf dem Pult hatte liegen lassen, und warf sie in die Flammen. Die Farbe verlosch, und übrig blieb nur ein wenig Asche. Einen unendlichen Augenblick lang hoffte er auf die Worte und das Mirakel.
Paracelsus war gelassen geblieben. Mit sonderbarer Schlichtheit sagte er: „Alle Ärzte und alle Apotheker Basels behaupten, dass ich ein Schwindler bin. Vielleicht haben sie recht. Dort ist die Asche, die die Rose gewesen ist und sie nicht wieder sein wird."
Der junge Mann empfand Scham. Paracelsus war ein

Scharlatan oder ein bloßer Fantast, und er, der Eindringling, war in sein Haus gekommen und hatte ihn nunmehr genötigt zuzugeben, dass seine berühmten magischen Künste ohne Wirkung waren.
Er kniete nieder und sagte: „Ich habe unverzeihlich gehandelt. Es fehlte mir der Glaube, den der Herr von den Gläubigen verlangt hat. Lass mich weiter die Asche sehen. Ich kehre zurück, wenn ich stärker bin, und dann werde ich dein Schüler sein und am Ende des Wegs die Rose sehen."
Er sprach mit wahrer Leidenschaft, doch diese Leidenschaft war das Mitleid, das ihm der alte, so verehrte, so umworbene, so illustre und darum so hohle Meister einflößte. Wer war er, Johannes Grisebach, mit frevelhafter Hand zu entdecken, dass hinter der Maske niemand war?
Ihm die Münzen dazulassen wäre ein Almosen gewesen. Beim Hinausgehen nahm er sie wieder an sich. Paracelsus begleitete ihn zum Fuß der Treppe und sagte, dass er in diesem Fall jederzeit willkommen wäre. Beide wussten, dass sie sich nicht wiedersehen würden.
Paracelsus blieb allein. Bevor er die Lampe löschte und sich ermattet in den Sessel niederließ, nahm er das feine Häufchen Asche in die hohle Hand und sagte mit leiser Stimme ein Wort. Die Rose erstand aufs Neue.

JORGE LUIS BORGES

Buch und Rose

Ein altes Buch in pergamentnem Band,
Jahrhunderte vielleicht nicht aufgeschlagen –
weil fremd sein Wort erklingt aus fremdem Land
und alte Dichter wenig behagen.
Ein altes Buch fiel jüngst mir in die Hände,
und wie ich träumend seine Blätter wende,
und Moderstäubchen wirbelnd mich umfliegen,
seh staunend ich in seinem Schoß verdorrt,
Doch Lenzensduft noch hauchend fort und fort,
Verblichen, farblos eine Rose liegen.

FRIEDRICH HALM

Komm herab

Komm herab, du schöne Holde,
und verlass dein stolzes Schloss!
Blumen, die der Lenz geboren,
streu ich dir in deinen Schoß.
Horch, der Hain erschallt von Liedern,
und die Quelle rieselt klar!
Raum ist in der kleinsten Hütte
für ein glücklich liebend Paar.

FRIEDRICH VON SCHILLER

Lebenswege – Rosenwege

Das Leben ist
ein dorniger Rosenstock
und die Kunst seine Blüte.

GEORG EBERS

Rote Rosen

Mit sechzehn sagte ich still, ich will,
will groß sein, will siegen, will froh sein, nie lügen,
mit sechzehn sagte ich still, ich will,
will alles oder nichts.

Für mich soll's rote Rosen regnen,
mir sollten sämtliche Wunder begegnen.
Die Welt sollte sich umgestalten
und ihre Sorgen für sich behalten.

Und später sagte ich noch, ich möcht
verstehen, viel sehen, erfahren, bewahren.
Und später sagte ich noch, ich möcht
nicht allein sein und doch frei sein.

Für mich soll's rote Rosen regnen,
mir sollten sämtliche Wunder begegnen.
Das Glück sollte sich sanft verhalten,
es sollte mein Schicksal mit Liebe verwalten.

Und heute sage ich still, ich sollte
mich fügen, begnügen, ich kann mich nicht fügen,
kann mich nicht begnügen, will immer noch siegen,
will alles – oder nichts.

Für mich soll's rote Rosen regnen,
mir sollten ganz neue Wunder begegnen.
Mich fern von Altem neu entfalten,
von dem, was erwartet, das meiste halten.
Ich will ... ich will ...!

HILDEGARD KNEF

Die Geschichte von Hyazinth und Rosenblütchen

(aus „Die Lehrlinge zu Saïs")

Vor langen Zeiten lebte weit gegen Abend ein blutjunger Mensch. Er war sehr gut, aber auch über die Maßen wunderlich. Er grämte sich unaufhörlich um nichts und wieder nichts, ging immer still für sich hin, setzte sich einsam, wenn die andern spielten und fröhlich waren, und hing seltsamen Dingen nach. Höhlen und Wälder waren sein liebster Aufenthalt, und dann sprach er immerfort mit Tieren und Vögeln, mit Bäumen und Felsen, natürlich kein vernünftiges Wort, lauter närrisches Zeugs zum Totlachen. Er blieb aber immer mürrisch und ernsthaft, ungeachtet sich das Eichhörnchen, die Meerkatze, der Papagei und der Gimpel alle Mühe gaben, ihn zu zerstreuen und ihn auf den richtigen Weg zu weisen. Die Gans erzählte Märchen, der Bach klimperte eine Ballade dazwischen, ein großer dicker Stein machte lächerliche Bocksprünge, die Rose schlich sich freundlich hinter ihm herum, kroch durch seine Locken, und der Efeu streichelte ihm die sorgenvolle Stirn. Allein der Missmut und Ernst waren hartnäckig.

Seine Eltern waren sehr betrübt, sie wussten nicht, was sie anfangen sollten. Er war gesund und aß, nie hatten sie ihn beleidigt, er war auch bis vor wenig Jahren fröhlich und lustig gewesen wie keiner; bei allen Spielen voran, von allen Mädchen gern gesehen. Er war recht bildschön, sah aus wie gemalt, tanzte wie ein Schatz.

Unter den Mädchen war eine, ein köstliches, bildschönes Kind, sah aus wie Wachs, Haare wie goldne Seide, kirschrote Lippen, wie ein Püppchen gewachsen, brandrabenschwarze Augen. Wer sie sah, hätte mögen vergehen, so lieblich war sie. Damals war Rosenblüte, so hieß sie, dem bildschönen Hyazinth, so hieß er, von Herzen gut, und er hatte sie lieb zum Sterben. Die andern Kinder wussten's nicht. Ein Veilchen hatte es ihnen zuerst gesagt, die Hauskätzchen hatten es wohl gemerkt, die Häuser ihrer Eltern lagen nahe beisammen.

Wenn nun Hyazinth die Nacht an seinem Fenster stand und Rosenblüte an ihrem, und die Kätzchen auf dem Mäusefang da vorbeiliefen, da sahen sie die beiden stehen und lachten und kicherten oft so laut, dass sie es hörten und böse wurden. Das Veilchen hatte es der Erdbeere im Vertrauen gesagt, die sagte es ihrer Freundin, der Stachelbeere, die ließ nun das Sticheln nicht, wenn Hyazinth gegangen kam; so erfuhr's denn bald der ganze Garten und der Wald, und wenn Hyazinth ausging, so rief's von allen Seiten: Rosenblütchen ist mein Schätzchen!

Nun ärgerte sich Hyazinth und musste doch auch wieder aus Herzensgrunde lachen, wenn das Eidechschen geschlüpft kam, sich auf einen warmen Stein setzte, mit dem Schwänzchen wedelte und sang:

Rosenblütchen, das gute Kind,
ist geworden auf einmal blind,
denkt, die Mutter sei Hyazinth,
fällt ihm um den Hals geschwind;
merkt sie aber das fremde Gesicht,
denkt nur an, da erschrickt sie nicht,
fährt, als merkte sie kein Wort,
immer nur mit Küssen fort.

Ah! Wie bald war die Herrlichkeit vorbei. Es kam ein Mann aus fremden Landen gegangen, der war erstaunlich weit gereist, hatte einen langen Bart, tiefe Augen, entsetzliche Augenbrauen, ein wunderliches Kleid mit vielen Falten und seltsame Figuren hineingewebt. Er setzte sich vor das Haus, das Hyazinths Eltern gehörte. Nun war Hyazinth sehr neugierig und setzte sich zu ihm und holte ihm Brot und Wein. Da tat er seinen weißen Bart voneinander und erzählte bis tief in die Nacht, und Hyazinth wich und wankte nicht und wurde auch nicht müde zuzuhören. Soviel man nachher vernahm, so hat er viel von fremden Ländern, unbekannten Gegenden, von erstaunlich wunderbaren Sachen erzählt und ist drei Tage dageblieben und mit Hyazinth in tiefe Schachten hinuntergekrochen.
Rosenblütchen hat genug den alten Hexenmeister verwünscht, denn Hyazinth ist ganz versessen auf seine Gespräche gewesen und hat sich um nichts bekümmert; kaum dass er ein wenig Speise zu sich genommen. Endlich hat jener sich fortgemacht, doch dem Hyazinth ein Büchelchen dagelassen, das kein Mensch lesen konnte. Dieser hat ihm noch Früchte, Brot und Wein mitgegeben und ihn weit weg be-

gleitet. Und dann ist er tiefsinnig zurückgekommen und hat einen ganz neuen Lebenswandel begonnen. Rosenblütchen hat recht zum Erbarmen um ihn getan, denn von der Zeit an hat er sich wenig aus ihr gemacht und ist immer für sich geblieben.

Nun begab sich's, dass er einmal nach Hause kam und war wie neugeboren. Er fiel seinen Eltern um den Hals und weinte. „Ich muss fort in fremde Lande", sagte er, „die alte wunderliche Frau im Walde hat mir erzählt, wie ich gesund werden müsste, das Buch hat sie ins Feuer geworfen und hat mich getrieben, zu euch zu geh'n und euch um euren Segen zu bitten. Vielleicht komme ich bald, vielleicht nie wieder. Grüßt Rosenblütchen. Ich hätte sie gern gesprochen, ich weiß nicht, wie mir ist, es drängt mich fort; wenn ich an die alten Zeiten zurückdenken will, so kommen gleich mächtigere Gedanken dazwischen, die Ruhe ist fort, Herz und Liebe mit, ich muss sie suchen geh'n. Ich wollt' euch gern sagen, wohin, ich weiß selbst nicht, dahin wo die Mutter der Dinge wohnt, die verschleierte Jungfrau. Nach der ist mein Gemüt entzündet. Lebt wohl."

Er riss sich los und ging fort. Seine Eltern wehklagten und vergossen Tränen, Rosenblütchen blieb in ihrer Kammer und weinte bitterlich. Hyazinth lief nun, was er konnte, durch Täler und Wildnisse, über Berge und Ströme, dem geheimnisvollen Lande zu. Er fragte überall nach der heiligen Göttin (Isis) Menschen und Tiere, Felsen und Bäume. Manche lachten, manche schwiegen, nirgends erhielt er Bescheid. Im Anfange kam er durch raues, wildes Land, Nebel und Wolken warfen sich ihm in den Weg, es stürmte immerfort; dann fand er unansehnliche Sandwüsten, glühenden Staub, und wie er wandelte, so veränderte sich auch sein Gemüt, die Zeit wurde ihm lang und die innere Unruhe legte sich, er wurde sanfter und das gewaltige Treiben in ihm allgemach zu einem leisen, aber starken Zuge, in den sein ganzes Gemüt sich auflöste. Es lag wie viele Jahre hinter ihm.

Nun wurde die Gegend auch wieder reicher und mannigfaltiger, die Luft lau und blau, der Weg ebener, grüne Büsche lockten ihn mit anmutigen Schatten, aber er verstand ihre Sprache nicht, sie schienen auch nicht zu sprechen, und doch erfüllten sie sein Herz mit grünen Farben und kühlem, stillem Wesen. Immer höher wuchs jene süße Sehnsucht in ihm, und immer breiter und saftiger wurden die Blätter, immer lauter und lustiger die Vögel und Tiere, balsamischer die Früchte, dunkler der Himmel, wärmer die Luft und heißer seine Liebe, die Zeit ging immer schneller, als sähe sie sich nahe am Ziele.

Eines Tages begegnete er einem kristallenen Quell und einer Menge Blumen, die kamen in ein Tal herunter zwischen schwarzen himmelhohen Säulen. Sie grüßten ihn freundlich mit bekannten Worten.

„Liebe Landsleute“, sagte er, „wo find’ ich wohl den geheiligten Wohnsitz der Isis? Hier herum muss er sein, und ihr seid vielleicht hier bekannter als ich.“

„Wir geh’n auch nur hier durch“, antworteten die Blumen, „eine Geisterfamilie ist auf der Reise und wir bereiten ihr Weg und Quartier, indes sind wir vor Kurzem durch eine Gegend gekommen, da hörten wir ihren Namen nennen. Gehe nur aufwärts, wo wir herkommen, so wirst du schon mehr erfahren.“

Die Blumen und die Quelle lächelten, wie sie das sagten, boten ihm einen frischen Trunk und gingen weiter.

Hyazinth folgte ihrem Rat, frug und frug und kam endlich zu jener längst gesuchten Wohnung, die unter Palmen und andern köstlichen Gewächsen versteckt lag. Sein Herz klopfte in unendlicher Sehnsucht, und die süßeste Bangigkeit durchdrang ihn in dieser Behausung der ewigen Jahreszeiten. Unter himmlischen Wohlgedüften entschlummerte er, weil ihn nur der Traum in das Allerheiligste führen durfte. Wunderlich führte ihn der Traum durch unendliche Gemächer voll seltsamer Sachen auf lauter reizenden Klängen und in abwechselnden Akkorden. Es dünkte ihm alles so bekannt und doch in nie gesehener Herrlichkeit, da schwand auch der letzte irdische Anflug, wie in Luft verzehrt, und er stand vor der himmlischen Jungfrau, da hob er den leichten, glänzenden Schleier, und Rosenblütchen sank in seine Arme.

Eine ferne Musik umgab die Geschehnisse des liebenden Wiedersehens, die Ergießungen der Sehnsucht, und schloss alles Fremde von diesem entzückenden Orte aus. Hyazinth lebte nachher noch lange mit Rosenblütchen unter seinen frohen Eltern und Gespielen, und unzählige Enkel dankten der alten wunderlichen Frau für ihren Rat und ihr Feuer; denn damals bekamen die Menschen so viel Kinder, als sie wollten.

NOVALIS

Mein Röselein

Grüß dich Gott, mein Röselein,
schön und klein und sanft du bist:
Wie sie so anmutig ist!

Röselein, gern seh' ich dich!
Bleib' so still und lieb und rein:
Bleib' so ewig jung und mein!

Röslein mein, o denk' an mich!
Purpurrot und grün dein Stiel:
Geist und Anmut hat sie viel!

Röslein, dich, dich liebe ich!
Zart drück' ich dich an den Mund:
Nehme Abschied, bleib' gesund!

Blättlein klein, o bleibet frisch,
ihres Zweiges dunkelgrün:
Ach, ich muss von dannen zieh'n!

Röslein, nein, es war nur Scherz:
Ewig, ewig bleib' ich dein!
Ewig bleibst du lieb und fein!

Röselein, o grüß dich Gott,
schön und frisch und mein du bist:
Voll mein Herz vor Freuden ist!

FRIEDERIKE KEMPNER

Königin des Blumenreichs

Als Allerschönste bist du anerkannt,
bist Königin des Blumenreichs genannt;
unwidersprechlich allgemeines Zeugnis,
Streitsucht verbannend, wundersam Ereignis!
Du bist es also, bist kein bloßer Schein,
in dir trifft Schau'n und Glauben überein.
Doch Forschung strebt und ringt, ermüdend nie,
nach dem Gesetz, dem Grund, *Warum* und *Wie*.

JOHANN WOLFGANG VON GOETHE

Rosenfreude

Ich freue mich des Lebens,
suche keine Dornen,
hasche die kleinen Freuden.
Sind die Türen niedrig,
so bücke ich mich.
Kann ich den Stein
aus dem Weg räumen,
so tue ich es; ist er zu schwer,
so gehe ich um ihn herum –
und so finde ich alle Tage
etwas, das mich freut.

CATHARINA ELISABETH GOETHE

Lied des Lebens

Flüchtiger als Wind und Welle
flieht die Zeit; was hält sie auf?
Sie genießen auf der Stelle,
sie ergreifen schnell im Lauf –
das, ihr Brüder, hält ihr Schweben,
hält die Flucht der Tage ein.
Schneller Gang ist unser Leben,
lasst uns Rosen auf ihn streun.
Rosen, denn die Tage sinken
in des Winters Nebelmeer.
Rosen; denn sie blühn und blinken
links und rechts noch um uns her.
Rosen stehn auf jedem Zweige
jeder schönen Jugendtat.
Wohl ihm, der bis auf die Neige
rein gelebt sein Leben hat.

JOHANN GOTTFRIED HERDER

Rosenabend
Rose,
oh reiner Widerspruch,
Lust,
niemandes Schlaf zu sein
unter so viel Lidern.
RAINER MARIA RILKE

Die Rose

Die Rose hab ich mit ins Bett genommen. Was soll sie im Glas langsam welken – überall sollt man ein Heiligtum der Natur mit herumtragen, das frei macht vom Bösen; wer kann in Gegenwart einer Rose nicht mit edlen Gedanken gefüllt sein. Ich hab's lieb, das Röschen, mit dem ich geschlafen hab – es war matt, nun hab ich's ins Wasser gestellt, es erholt sich.

BETTINA VON ARNIM

Rose, Rose

Rose, Rose, Knospe gestern
schliefst du noch in moos'ger Hülle,
heute prangst in Schönheitsfülle
du vor allen deinen Schwestern.

Träumtest du wohl über Nacht
von den Wundern, die geschahen,
von des holden Frühlings Nahen
und des jungen Tages Pracht?

ADELBERT VON CHAMISSO

Rosennacht

Rosennacht, Rosennacht –
Nacht aus vielen, vielen Rosen,
helle Rosennacht, ich bin dein Schläfer,
heller Schläfer deiner Träume,
tiefer Schläfer deiner kühlen Innigkeiten.
Wie ich mich dir schwindend überliefere,
hast du nun mein Wesen zu bestreiten,
sei mein Schicksal aufgelöst
in das unbegreifliche Beruhn,
und der Trieb, sich aufzutun,
wirke, der sich nirgends stößt.
Rosenraum, geboren in den Rosen,
uns aus vielen Rosen zugegeben,
groß wie Herzraum, dass wir auch noch draußen
fühlen dürfen in dem Raum der Rosen.

RAINER MARIA RILKE

Der schlafende Wind

Über die verhüllten Abendhügel
steigen schon die ersten Sterne her,
einmal rührt der Wind noch seine Flügel,
alles schweigt und träumt, nun träumt auch er.

Auf den Rosen ist er eingeschlafen,
träumt von einem schönen Wandertag.
Ach, wie lieblich sich's in solchem Hafen
nach der langen Reise schlafen mag.

In der Frühe, welche süßen Düfte
haften noch an seinem Schwingenpaar.
Neiderfüllt erzittern alle Lüfte,
hören sie, wo er zur Nacht heut war.

Und die Mädchen, die vor Tür und Toren
halb verschlafen in die Sonne sehn,
strecken sich und fragen traumverloren:
Wo doch nur die vielen Rosen stehn?

GUSTAV FALKE

Wilder Rosenbusch

Wie steht er da vor den Verdunkelungen
des Regenabends, jung und rein;
in seinen Ranken schenkend ausgeschwungen
und doch versunken in sein Rosesein;

die flachen Blüten, da und dort schon offen,
jegliche ungewollt und ungepflegt:
so, von sich selbst unendlich übertroffen
und unbeschreiblich aus sich selbst erregt,

ruft er den Wandrer, der in abendlicher
Nachdenklichkeit den Weg vorüberkommt:
Oh sieh mich stehn, sieh her, was bin ich sicher
und unbeschützt und habe, was mir frommt.

RAINER MARIA RILKE

Der Rosenbusch

Es haben meine wilden Rosen,
erschauernd vor dem Haus der Nacht,
die windeleichten, lichten, losen
Blüten behutsam zugemacht.
Doch sind sie so voll Licht gesogen,
dass es wie Schleier sie umweht
und dass die Nacht im scheuen Bogen
am Rosenbusch vorübergeht.

MATTHIAS CLAUDIUS

Dornröschen

Vor Zeiten waren ein König und eine Königin, die sprachen jeden Tag: „Ach, wenn wir doch ein Kind hätten!“ und kriegten immer keins. Da trug es sich zu, als die Königin einmal im Bade saß, dass ein Frosch aus dem Wasser ans Land kroch und zu ihr sprach: „Dein Wunsch wird erfüllt werden, ehe ein Jahr vergeht, wirst du eine Tochter zur Welt bringen.“

Was der Frosch gesagt hatte, das geschah, und die Königin gebar ein Mädchen, das war so schön, dass der König vor Freude sich nicht zu fassen wusste und ein großes Fest anstellte. Er lud nicht bloß seine Verwandten, Freunde und Bekannten, sondern auch die weisen Frauen dazu ein, damit sie dem Kind hold und gewogen wären. Es waren ihrer dreizehn in seinem Reiche, weil er aber nur zwölf goldene Teller hatte, von welchen sie essen sollten, so musste eine von ihnen daheim bleiben.

Das Fest ward mit aller Pracht gefeiert, und als es zu Ende war, beschenkten die weisen Frauen das Kind mit ihren Wundergaben: die eine mit Tugend, die andere mit Schönheit, die dritte mit Reichtum und so mit allem, was auf der Welt zu wünschen ist. Als elf ihre Sprüche eben getan hatten, trat plötzlich die dreizehnte herein. Sie wollte sich dafür rächen, dass sie nicht eingeladen war, und ohne jemand zu grüßen oder nur anzusehen, rief sie mit lauter Stimme: „Die Königstochter soll sich in ihrem fünfzehnten Jahr an einer Spindel stechen und tot hinfallen." Und ohne ein Wort weiter zu sprechen kehrte sie sich um und verließ den Saal. Alle waren erschrocken, da trat die zwölfte hervor, die ihren Wunsch noch übrig hatte, und weil sie den bösen Spruch nicht aufheben, sondern ihn nur mildern konnte, so sagte sie: „Es soll aber kein Tod sein, sondern ein hundertjähriger tiefer Schlaf, in welchen die Königstochter fällt."

Der König, der sein liebes Kind vor dem Unglück gern bewahren wollte, ließ den Befehl ausgehen, dass alle Spindeln im ganzen Königreiche verbrannt werden sollten. An dem Mädchen aber wurden die Gaben der weisen Frauen sämtlich erfüllt, denn es war so schön, sittsam, freundlich und verständig, dass es jedermann, der es ansah, liebhaben musste. Es geschah, dass an dem Tage, wo es gerade fünfzehn Jahre alt ward, der König und die Königin nicht zu Haus waren und das Mädchen ganz allein im Schloss zurückblieb. Da ging es allerorten herum, besah Stuben und Kammern, wie es Lust hatte, und kam endlich auch an einen alten Turm. Es stieg die enge Wendeltreppe hinauf und gelangte zu einer kleinen Türe. In dem Schloss steckte ein verrosteter Schlüssel, und als es ihn umdrehte, sprang die Türe auf, und da saß in einem kleinen Stübchen eine alte Frau mit einer Spindel und spann emsig ihren Flachs. „Guten Tag, du altes Mütterchen", sprach die Königstochter, „was machst du da?" „Ich spinne", sagte die Alte und nickte mit dem Kopf. „Was ist das für ein Ding, das so lustig herumspringt?", sprach das Mädchen, nahm die Spindel und wollte auch spinnen. Kaum hatte sie aber die Spindel an-

gerührt so ging der Zauberspruch in Erfüllung, und sie stach sich damit in den Finger.
In dem Augenblick aber, wo sie den Stich empfand, fiel sie auf das Bett nieder, das da stand, und lag in einem tiefen Schlaf. Und dieser Schlaf verbreitete sich über das ganze Schloss, der König und die Königin, die eben heimgekommen und in den Saal getreten waren, fingen an einzuschlafen und der ganze Hofstaat mit ihnen. Da schliefen auch die Pferde im Stall, die Hunde im Hof, die Tauben auf dem Dache, die Fliegen an der Wand, ja, das Feuer, das auf dem Herde flackerte, ward still und schlief ein, und der Braten hörte auf zu brutzeln, und der Koch, der den Küchenjungen, weil er etwas versehen hatte, an den Haaren ziehen wollte, ließ ihn los und schlief. Und der Wind legte sich, und auf den Bäumen vor dem Schloss regte sich kein Blättchen mehr.
Rings um das Schloss aber begann eine Dornenhecke zu wachsen, die jedes Jahr höher ward und endlich das ganze Schloss umzog und darüber hinauswuchs, dass gar nichts mehr davon zu sehen war, selbst nicht die Fahne auf dem Dach. Es ging aber die Sage in dem Land von dem schönen, schlafenden Dornröschen, denn so ward die Königstochter genannt, also dass von Zeit zu Zeit Königssöhne kamen und durch die Hecke in das Schloss dringen wollten. Es war ihnen aber nicht möglich, denn die Dornen, als hätten sie Hände, hielten fest zusammen, und die Jünglinge blieben darin hängen, konnten sich nicht wieder losmachen und starben eines jämmerlichen Todes. Nach langen, langen Jahren kam wieder einmal ein Königssohn in das Land und hörte, wie ein alter Mann von

der Dornenhecke erzählte, es sollte ein Schloss dahinter stehen, in welchem eine wunderschöne Königstochter, Dornröschen genannt, schon seit hundert Jahren schliefe, und mit ihr schliefe der König und die Königin und der ganze Hofstaat. Er wusste auch von seinem Großvater, dass schon viele Königssöhne gekommen wären und versucht hätten, durch die Dornenhecke zu dringen, aber sie wären darin hängengeblieben und eines traurigen Todes gestorben. Da sprach der Jüngling: „Ich fürchte mich nicht, ich will hinaus und das schöne Dornröschen sehen!" Der gute Alte mochte ihm abraten, wie er wollte, er hörte nicht auf seine Worte. Nun waren aber gerade die hundert Jahre verflossen, und der Tag war gekommen, wo Dornröschen wieder erwachen sollte. Als der Königssohn sich der Dornenhecke näherte, waren es lauter große, schöne Blumen, die taten sich von selbst auseinander und ließen ihn unbeschädigt hindurch, und hinter ihm taten sie sich wieder als eine Hecke zusammen. Im Schlosshof sah er die Pferde und scheckigen Jagdhunde liegen und schlafen, auf dem Dach saßen die Tauben und hatten das Köpfchen unter den Flügel gesteckt. Und als er ins Haus kam, schliefen die Fliegen an der Wand, der Koch in der Küche hielt noch die Hand, als wollte er den Jungen anpacken, und die Magd saß vor dem schwarzen Huhn, das sollte gerupft werden. Da ging er weiter und sah im Saal den ganzen Hofstaat liegen und schlafen, und oben bei dem Thron lagen der König und die Königin. Da ging er noch weiter, und alles war so still, dass er seinen Atem hören konnte, und endlich kam er zu dem Turm und öffnete die Türe zu der kleinen Stube, in welcher Dornröschen schlief. Da lag es und war so schön, dass er die Augen nicht abwenden konnte, und er bückte sich und gab ihm einen Kuss. Wie er es mit dem Kuss berührt hatte, schlug Dornröschen die Augen auf, erwachte und blickte ihn ganz freundlich an. Da gingen sie zusammen herab, und der König erwachte und die Königin und der ganze Hofstaat und sahen einander mit großen Augen an. Und die Pferde im Hof standen auf und rüttelten sich, die Jagdhunde sprangen und wedelten, die Tauben auf dem Dach zogen das Köpfchen unterm Flügel hervor, sahen umher und flogen ins Feld, die Fliegen an den Wänden krochen weiter, das Feuer in der Küche erhob sich, flackerte und kochte das Essen, der Braten fing wieder an zu brutzeln, und der Koch gab dem Jungen eine Ohrfeige, dass er schrie, und die Magd rupfte das Huhn fertig.

Und da wurde die Hochzeit des Königssohns mit dem Dornröschen in aller Pracht gefeiert, und sie lebten vergnügt bis an ihr Ende.

Die Rose blüht

Die Rose blüht, ich bin die fromme Biene,
die in der Blätter keuschen Busen sinkt,
und milden Tau und süßen Honig trinkt,
doch lebt ihr Glanz und bleibet ewig grüne.
So singt mein tiefstes Freudenlied,
ach meine Rose blüht!

Die Rose blüht, o Sonnenschein verziehe,
dass lange noch der liebe Sommer währt,
und mir kein Sturm die süße Lust versehrt,
dass all mein Heil aus dieser Rose blühe,
so freut sich innig mein Gemüt,
weil meine Rose blüht!

Die Rose blüht, und lacht vor andern Rosen,
mit solcher Huld, und Liebesmildigkeit,
dass gern mein Sinn sich zu der Pflicht erbeut,
mit andern Blumen nie mehr liebzukosen,
weil alle Liebe, die erglüht,
aus dir du Rose blüht!

CLEMENS BRENTANO

An die Rose

Ewig trägt im Mutterschoße,
süße Königin der Flur,
dich und mich die stille, große
allbelebende Natur.

Röschen! Unser Schmuck veraltet,
Sturm entblättert dich und mich;
doch der ew'ge Keim entfaltet
bald zu neuer Blüte sich.

FRIEDRICH HÖLDERLIN

Die Rose

Im Garten sah ich frisch und schön
die aufgeblühte Rose stehn;
und wer sie sah und wer sie fand,
gleich mir entzücket vor ihr stand.

Der Gärtner kam in raschem Gang;
da ward mir für die Rose bang.
Ich stand und sah, wie plötzlich – ach!
Des Gärtners Hand die Rose brach.

„Du harter Mann, was machest du?“,
rief ich dem Gärtner zürnend zu;
„die Rose, die so herrlich stand,
bricht ohn Erbarmen deine Hand!“

„Der Sturm könnt sie entblättern hier“,
sprach drauf der Gärtner mild zu mir.
„Für sie, die hier gefährdet stand,
weiß ich ein sichres, bessres Land.

In jenes Land versetz ich sie;
denn dort erreicht der Sturm sie nie.
Wirst du sie einst dort wiedersehn,
so blüht sie hundertmal so schön!“

JOHANN PETER HEBEL

Quellenverzeichnis

Texte

Jorge Luis Borges, Die Rose des Paracelsus, aus: Jorge Luis Borges, „Gesammelte Werke", Band 4, S. 219-225, © 1982 Carl Hanser Verlag GmbH & Co. KG, München

Emily Dickinson, Ein Kelch, ein Blütenblatt und ein Dorn, aus: Emily Dickinson, Sämtliche Gedichte zweisprachig, aus dem Englischen übersetzt von Gunhild Kübler © 2015 Carl Hanser Verlag GmbH & Co. KG, München

Hilde Domin, Nur eine Rose als Stütze, aus: Hilde Domin, Sämtliche Gedichte, Hrsg. v. Nikola Herweg und Melanie Reinhold © 2015 S. Fischer Verlag GmbH, Frankfurt am Main

Hermann Hesse, Der Duft der Rosen, aus: Hermann Hesse, Sämtliche Werke in 20 Bänden. Herausgegeben von Volker Michels. Band 10: Die Gedichte. © Suhrkamp Verlag Frankfurt am Main 2002. Alle Rechte bei und vorbehalten durch Suhrkamp Verlag Berlin.

Hermann Hesse, Verwelkende Rosen, aus: Hermann Hesse, Sämtliche Werke in 20 Bänden. Herausgegeben von Volker Michels. Band 10: Die Gedichte. © Suhrkamp Verlag Frankfurt am Main 2002. Alle Rechte bei und vorbehalten durch Suhrkamp Verlag Berlin.

Hildegard Knef (Text)/Hans Hammerschmid (Musik), Rote Rosen © 1968 by Musik-Edition Europaton/Peter Schaeffers

Eva Strittmatter, Winter, aus: Eva Strittmatter. Sämtliche Gedichte. Erw. Neuausgabe © Aufbau Verlag GmbH & Co. KG, Berlin 2015

Georg von der Vring, Oktoberrose, aus: Die Gedichte. Gesamtausgabe der veröffentlichten Gedichte und eine Auswahl aus dem Nachlass. 2. Auflage 1996. Verlag C.H.Beck, vormals Langewiesche Brandt.

Bildnachweis

S. 2: © voren1/Fotolia, S. 7: © svl861/Fotolia, S. 9: © neirfy/Fotolia, S. 11: © Anatolii/Fotolia, S. 15: © drubig-photo/Fotolia, S. 19: © creativefamily/Fotolia, S. 23: © romanovad/Fotolia, S. 24/25: © prime 1001/Fotolia, S. 27: © lesslemon/Fotolia, S. 29 © ilietus/Fotolia, S. 31: © nitinai2518/Fotolia, S. 35: © floraldeco/Fotolia, S. 37: © alesikka/ Fotolia, S. 39 © ilietus/Fotolia, S. 40-41 © K.-U. Häßler /Fotolia, S. 45: © Mikhalec/Fotolia, S. 49: Anatolii/Fotolia, S. 51: © New Africa/Fotolia, S. 52-53: © stockpics/Fotolia, S. 55: © rastaman777/Fotolia, S. 56-57: © neirfy/ Fotolia, S. 61: © Ortis/Fotolia, S. 62-63: © prime1001/Fotolia, S. 67: © ilietus/Fotolia, S. 73: © Ortis/ Fotolia, S. 79: © Natalia/Fotolia, S. 81: © Elina/Fotolia, S. 87: © Ortis/Fotolia, S. 89: © Ortis/Fotolia, S. 99: © WindyNight/Fotolia, S. 101: © K.-U. Häßler/Fotolia, S. 113: © neirfy/Fotolia, S. 114-115: © Mikhalec/Fotolia, S. 119: © Ortis/Fotolia, S. 125: © terex/Fotolia

Wir danken allen Inhabern von Text- und Bildrechten für die Abdruckerlaubnis. Der Verlag hat sich bemüht, alle Rechteinhaber in Erfahrung zu bringen. Für zusätzliche Hinweise sind wir dankbar.